Motel Milla Noventa

Primera edición, junio de 2024

El Desvelo Ediciones
Floranes, 51, 1ºT
39010-Santander
CANTABRIA

www.eldesvelo.es
info@eldesvelo.es

ISBN: 978—84—128690-6-4
Depósito Legal: SA 231—2023
Impreso en España—Printed in Spain

Este libro ha sido impreso en papel Coral Book, el cual dispone del certificado de gestión forestal responsable FSC, que garantiza una producción respetuosa con el medio ambiente.

Última Thule

Motel Milla Noventa

Ángela Mallén

El Desvelo
EDICIONES

XENÍA

ΞΕΝΙΑ

¡Calipso, ah, Calipso! Pienso muchas veces en ella.
Amó a Ulises. Vivieron juntos durante siete años.
No sabemos durante cuánto tiempo compartió su
lecho con Penélope, pero seguramente no fue tanto.
Aun así, se suele exaltar el dolor de Penélope y
menospreciar el llanto de Calipso

MILÁN KUNDERA

Ocúpate de sus caballos, por supuesto, y haz pasar
a los forasteros para que puedan comer.

HOMERO

La poesía mueve objetos a distancia.

OLGA NOVO

Zona cero

Se ha puesto la luna, se han puesto las Pléyades
...y yo estoy aquí sola.

Safo

Zona cero
Noche helada
En la dársena brillan las linternas del cielo
y los barcos viajan años luz
hasta la paz ficticia de los satélites

(Yo soy la que es firme
No me importa vagar a la intemperie)

Noche helada
Zona cero
Ya no suena el rock de las poleas ni el *soul* de los andenes
Ya no giran las péndolas sobre sus cabrestantes
como entonces tus dedos sobre mi cuerpo

Los vagabundos duermen entre contenedores
Los sedentarios velan en nidos de hormigón
Los clientes acuden al motel Milla Noventa

La ciudad traga y salva
El tiempo la construye y deconstruye con mercancías
          llegadas de otros mundos
El destierro se cumple en un jardín cubierto de maleza

(Yo soy la que es fácil
No me importa rodar fuera del perímetro)

El tiempo salta sobre mi cara, garrapata
desde el único árbol de la calle

VACÍO

… El vacío cuántico no está realmente vacío,
sino que contiene
… partículas que saltan dentro y fuera de la existencia.

WIKIPEDIA

FUERA de mi alcance, dentro de mí,
¿qué hallaré si levanto del recuerdo una ola, una
      piedra, la luz
sobre tu espalda joven cuando las viñas de Ogigia
      florecían
y las fuentes manaban?

¿Dónde estoy si miro hacia poniente y después me
      abandono
en el punto más hondo del sur?

¿Cuánta parte de mí queda perdida cuando salto
y el vacío me abraza porque suya soy
y mi cuerpo es la red de atrapar los recuerdos,
pero siempre está rota?

Yo, pescadora, salto
porque la memoria es un baile en el vacío

Epifanía

En el interior de mi cabeza sólo flotaba,
como si fuera polvo, un apacible silencio.

Haruki Murakami

Quise alumbrar tu barca con mi estrella. Pero he
caído en mí. Soy torpe. Peso mucho. Los barcos de
papel navegan en la fiesta de una noche infinita;
y cuando se deshacen, saltan ratas devoradoras de
náufragos. He caído

a mi isla de alquitrán. Peso mucho. Soy torpe. Los
mundos son alegorías. Nacen y crecen en redondo,
parecen significativos, vuelan en el sueño de una
noche instantánea. Y cuando estallan, producen un
acorde de notas supersónicas. He caído

dentro de mi cabeza. Nadie me creería si dijera
que di con los huesos en el cráneo. La cabeza es
foso. Bodega. Chabola. No hay nada más desolador
que una cabeza hueca. Hay que divisar un pájaro
dorado, acariciar su distante silueta. Interiorizar

su danza. Hay tanta melancolía suelta. La belleza de los pájaros efímeros. Su vuelo fugazmente azaroso. He caído

a la marmita. A su profundidad candente. Soy la niña que huye en traje de chaqueta de Armani. Dando tumbos. Soy la mujer de bronce que sólo quiere tuitear un verso perfecto. Hay tanta belleza en la brevedad. He caído

a la pecera de tus ojos. Tus pececillos se volvieron loros ruidosos en mi parque urbano. Tus ojos eran de otro planeta. Pura kryptonita. Se me pusieron a llorar en verde. Entonces debilitaron mis colores cuánticos. He caído

en la densa gravedad de un planeta viejo. Una mujer pasea a sus dos galgos marrones. Casi corren. Flacos. Curvos. Con forma de interrogante. Los perros miran antes de ladrar. He caído

a mi estómago corrosivo, saturado de cáusticas imágenes. Los ojos fosforitos del estómago miran cosas indigestas. He caído en el amor. Como gata en un pozo. Como luna en el mar. Te quise a ti y a tus contrarios. Hay que seguir. Doy gracias por el vacío que deja en el aire la caída. Que dejan los cuerpos en una sábana arrugada. Ninguna palabra vale si no está llena de sudor, plumas y piedras. Y vuela. Y pesa como la lluvia. Y cae desde mi boca

a tu olvido. Entonces recuerdo mi vida eterna como quien oye hablar en chino. Sé que todo anda suelto, hecho de materia incandescente. Tu barca de vapor roza una orilla de Menfis y un minuto después, una estrella de Andrómeda. He caído

en mi ventana. Miro pasar los tranvías. Oigo una voz que me dice: ¿te crees el único ser viviente porque sientes la música de la velocidad, el escalofrío de la brevedad? He caído

a la charca tantas veces como pelos tengo en la cabeza. Me levanto. Y sigo. No exactamente como Lázaro. Nadie me lo ordena. A nadie le importa. Me levanto a oler, a rozar la línea que va desde el

siempre al *nunca más*. No busco. Qué voy a buscar si lo
tengo ante mí. Ahí están: la estrella que nadie mira
y el barco al que nadie espera. He caído

con un ángel. Con la diosa

Obertura

Vi alejarse tu barca desde Ogigia
Grandes ondas se cerraban. Todo yéndose. Todo.
No deseo posesión ni permanencia. Renuncié
a tus caricias bajo mi piel. Lanzo palabras por la
borda: *hombre al agua, gaviota, medusa*. Te quería. Te
quiso mi corazón al llenarse de monos, papagayos
y orquídeas. Árbol rojo que el huracán exhibe tras
derribarlo

Nunca dije quédate

Cuando escuchaba el claxon de tu camión llegando,
me arrojaba al abismo de tus brazos. Te cargaba
a mi lomo siendo yo una bailarina con vestido

vaporoso. Los camiones zarpaban tierra adentro,
lejos de la isla de ensueño y cemento. Tú buscabas
la dicha en el tránsito, pero tu mano mendigaba
intensidad. Fuerte y ruda mano pordiosera

No hay aquí del ahora, ni milenios lejanos. Todo
ocurre en el tantas veces. Entre buques de carga,
marinos forasteros y barcos nibelungos. Todo
acontece en lo inestable

Nunca dije quédate

Soy agricultora de cenizas
Liadora de palabras infumables. Lío un *pez* de
minúsculas agallas a una *pájara* de ridículas alas. Lío
bocanadas de significados: *ejército de salvación, batallón
de sirenas, Pietat renacentista.* Expelo un *delfín-cachalote*,
enorme pez gozoso. Tú querías yacer con mi pez en
el fondo mullido de mis sábanas

Las palabras matan mi inmortalidad. No me
resucita ni una flor de crisantemo
De lejos siempre es nunca. Qué poca cantidad es el

ahora. Me convierto en distancia cuando te veo a lo lejos, donde el viento congela el vaho de mis versos, el aliento mío

El mar dibuja un barco para cada despedida
Los relojes cuentan horas con indiferente exactitud
Las estrellas vuelan sin moverse del cielo. Gatos negros relamen sus espinas

De vez en cuando salta un boquerón de plástico en aguas tan oscuras que no se ve el mar

Ronroneo

I told you, I was trouble, you know that I'm no good.[1]
 AMY WINEHOUSE

CAE la tarde en la emboscada que la noche le tiende
Amy canta borracha en mis oídos su triste ronroneo
y a contrapunto laten en lo negro las Gigantas de Orión

Un barco viaja entre el puerto que veo y el que no veo
Deja escrito en el aire un mensaje de humo
como un verso en la arena bañado por las olas

Suena el clic del acaso, el frufrú de la estrechez
y el murmullo que recorre la nada

Un barco viaja en los ojos de quienes miran barcos

Apena sirve para ver una milla, la mirada
Cierro los ojos. Cierro. Sigo a tientas

---

1. *Te dije que daría problemas. Sabes que no soy buena.*

No exactamente como Lázaro, pues nadie me lo
          ordena. A nadie importa
Me levanto a palpar en la obscuridad de lo apagado

Mar adentro se extiende el silencio como una red
          de los pescadores

Un silencio de pez

ALQUIMIA

Explicar con palabras de este mundo
que partió de mí un barco llevándome.
ALEJANDRA PIZARNIK

SOY el pájaro bobo mirando los barcos que levitan
   en la fibra de vidrio de la noche
Sus ventanas tiritan a lo lejos como los astros azules
   de Neruda

Ha caído mi estrella. Pesa mucho

Los peones del puerto corean baladas *heavy metal* para
   hacerse aguerridos
Nadie silba la canción vulnerable de Otis Redding

Los tranvías proyectan filminas a su paso mientras
   hacen sonar el diapasón del puente

Mi estrella resplandece en el fondo del mar

Te queda amar el peso que te hace caer.

PIERRE REVERDY

EL sol enrojece la piel del cielo con alarmante belleza
Los peces miran el haz del faro con ojos esféricos
Soy la que dice palabras que nadie escucha
porque vive en una isla que nadie divisa

Colecciono las palabras que cazo al vuelo
y les busco sentido:
Tiburón — sin — agallas. Cuco — de — nido — fijo
Mi — abrazo — de — saltamontes y tu — corazón — blindado

Decir algo es caer. Porque pesa
cada palabra. Pesa
un cincuenta por ciento más que el aire
(Igual que el hielo seco)

La palabra *camino* se enreda a mis pies
Llevo colgada del cuello la *ventana* de esperarte

Las palabras que digo no son mías ni de nadie
Son el *desasosiego* de Pessoa, la *felicidad* de Dickinson,
las *criaturas* musicales de Chagall

Nada es mío ni de nadie
(Tampoco tus caricias bajo mi piel)
La propiedad es un préstamo

Cada palabra pesa y cae

(como una *estrella-fantasma* sobre un *barco-fugaz*)

LA poesía transmuta *Barco* en *Tiempo*,
Tiempo en *Paso*,
Paso en *Sombra*

Yo pintaba tus sombras a lápiz y tu luz, a carmín
Recogía tus huesos esparcidos

Yo era tu destiladora. Tu catalizadora
De la oruga nacía una mariposa
azul bajo el tsunami de las sábanas

La alquimia convierte *Estrella* en *Uno-Mismo*
Uno-Mismo en *Palabra*
(Qué mezcla tan hermosa e impura)

Te quise con palabras cuando no parecían ajenas
Te quise descalza sobre *flores de fango* y *clavos de oro*

Luces serpenteantes — se pelean en el agua
Dos gatos vagabundos — comen raspas de sardinas
Las horas dan mil vueltas en millones de relojes
con desganada exactitud

El mundo continúa, como siempre, a lo suyo:
infamias, ambiciones y exquisito desdén,
mientras los tiburones acechan a los náufragos

Mi Tierra Prometida — era este barrio bajo, lejos
     del centro

LAS palabras embaucan, recluyen, desnudan
Lo que no dice nadie, no resiste
Se pierde en el camino. En su nube de polvo

Bajo tierra se incuban, como larvas, palabras
que al decirlas se convierten en moscas

Culteranas, exóticas, vulgares, las palabras picotean
        mis labios
Cuando guardan silencio, penden como vampiros
        de estalactitas
Cuando abren sus alas, vuelan de cabeza en cabeza

HA caído mi estrella sobre el barco
que partió de mí llevándome

Veo las ondas que balancean el puerto
Veo naranjas que flotan,
manchas iridiscentes,
anguilas que cabalgan sobre bolsas del súper

Soy el pájaro bobo mirando el agua inmunda

LAUDES
(AMANECER)

*Palabra a palabra, desde la única
habitación sostenida por la luz.*

ÁNGELA SERNA

DOS barcos bailan juntos en la pista del mar
¿Son dóciles o bohemios?

Cuando zarpan, sigilosos para no despertar a las
       Nereidas,
dejan rastro de caracol gigante

Tres palabras saltan por la borda: *gaviota, lastre y polizón*

Tantas noches, nosotros, entre barcos de arena y
       marinos encallados,
cuando Cronos escondía en Ogigia su guadaña

Me mostrabas tu mapa del desierto, tu observatorio
       de luces distantes

Yo te escribía señales con alegres delfines
Te cincelé con humo mi *Pietat*

El aire se volvía cristalino con el vaho de los besos,
cuando Cronos escondía en Ogigia su guadaña

EL reloj de la torre marca un tiempo robado en un
        país donde nunca es hoy

El tiempo es alto y alucinado
El tiempo es la mirada de las torres
El ojo de la torre no se cierra

Tiempo chamán, sofista y usurero,
contable de los barcos hundidos,
gourmet de los gusanos

LA poesía entrelaza *Minuto* con *Espera,*
Espera con *Ausencia,*
Ausencia con *Memoria*

Pobres palabras inorgánicas

Cuando asciende la grúa de pleamar — el faro ni
        pestañea

Mi faro delimita con la costa del caos
Aquí tengo mi ático vacante. Mi islote leonera

Entras por una puerta dibujada en la pared
Tu voz ronca me habla desde Brno, Mostar, Lhasa,
        Katmandú
Habla en griego y en sánscrito
(Nadie calla por dentro, ni a lo lejos. Ni mil años
        después)

Soy la oruga fumona de la dársena. Imprecisa.
        Insurrecta

La poesía es tabaco de picadura
(Toda ciudad esconde un fumadero)

Sea el tiempo japonés o suizo — se convierte en
      humareda

Pobres palabras humeantes

Santificado sea el silencio

Los barcos sólo sirven para la lejanía
Apenas existen los barcos del puerto

He caído en picado. Peso mucho
Los planetas son más ligeros que yo
Y cuando nace una estrella, ya nace con luz

He caído a mi cabeza cuchicheante
La gran opresora. La usurpadora
Me ordena no salir de su laberinto
y seguir una carretera con flechas a ninguna parte
Debo suplantar a una estatua de bronce erigida
        junto a un anuncio de telefonía
Debo vestir a la diosa con un sastre color siena

La cabeza me estalla como una supernova
Ella hace sus cálculos. Ella cree en la lógica
Nada hay más yermo que la razón
Debería besar la transparencia tornasolada de las
        medusas,
revivir a la niña, tan rígida como aquel monumento
        ecuestre

Hay tanta energía en fuga
La belleza es tan sutil y precaria
No busques dentro de la dureza. Sal de ahí

CUANDO sonaba la música del claxon,
me escondía en la cabaña de tus brazos
Nos salvábamos
Nos franqueábamos

Un pavo real blanco extendía su plumaje
entre flores y colillas esparcidas por el suelo

NADIE calla
Hay palabras resecas como el llanto de los esqueletos
Hay palabras que olvidan su significante
y palabras cautivas que quisieran
cantar como los pájaros al alba de Messiaen

Compasivas palabras se proponen
despertar a un enfermo de su pesadilla,
crear un paraíso para algún pecador

Pobres palabras de antimateria
Pobres palabras de nicotina
Intento comprender su liturgia intimista,
su humareda amaestrada

Nadie calla

Santificado sea el silencio

Hora prima

(6 h.)

SÓLO se salvan los mundos macizos

Mis palabras caen
como la *luz — de — luna* sobre los tiburones,
como el *agua — del — lago* sobre sus cisnes muertos,
como los *gatos — negros* a los pozos cegados,
como las *emboscadas* sobre los inocentes

Ojalá se salve una palabra mía en la balsa que
 impulsan las Gigantas con su aliento

Aunque nadie lo crea ni le importe

Doy gracias al silencio que dejan las pisadas en una
        calle estrecha,
que dejan los placeres en las sábanas sucias

No hay palabra que valga si no cae al abismo del
        silencio
Porque pesa,
la palabra verdadera toma tu peso. Y cae
de la fría certeza
a la incertidumbre sigilosa

HAY que seguir. Doy gracias
al silencio que deja el amor en una calle vacía,
al silencio que deja en su jaula el pájaro que estuvo
                    cautivo

Ninguna palabra vale
si no engendra del silencio gozo y plumas,
espolea nubarrones de tabaco y polución
y enaltece al redimido

La palabra innegable pesa y cae en un silencio pétreo

Yo también caí en tus brazos
como al mar, las Perseidas
y la luna, en el río

Hora tercia

(9 h.)

Vivo con el océano intratable
y me cuesta mucho el silencio.

PABLO NERUDA

No soy la que teje un sudario y después lo desteje
Soy la que fabrica un *bodi de plata* para los *peces que tiritan*

Soy la liadora de nombres parlantes
Fumadora de frases mentoladas
El tiempo tse-tsé picotea mi carne de eucalipto

He caído como tropa en la celada,
como pueblo en la miseria,
como imperio en el olvido,
como diosa en ateísmo,
como virgen en la tentación

He caído a mi estómago corrosivo de imágenes

Los ojos del estómago miran cosas indigestas
Los ojos del estómago miran cosas marchitas
y lloran ante un barco de futuros ahogados

He caído al ombligo
del mar
porque soy la heredera bastarda de Calipso

SOY la sexi y huraña fumadora de palabras liadas
¿Por qué no me pintó Modigliani?

Los *cachorros* se acurrucan en mi *regazo,* mientras lío
      un *ovillo*
de sardinas a un *banco* de redes,
un *hangar* modernista a cincuenta
contenedores apilados,
el mutismo que perturba a las sirenas
y la aurora que calma la psique del mar

Sentada en el peligro del rompeolas. Perdiendo el
      tiempo

Las palabras ablandan mi cabeza. Lío sus tramas,
      sus cabos, sus dibujos
Las ahogadas me abrazan con tentáculos fríos
Las secretas cabalgan en clave morse sobre las olas

Un *tranvía* rasguea el diapasón del puente. Sus
      ventanillas echan películas antiguas

Un *reloj* vigila el muelle desde su torre chata. Titán.
      Cíclope. Patrullero. Contable. Sabelotodo

Nadie calla mirando. Tus ojos me ensordecen
Me llaman desde Brno, Mostar, Maasbach, Chamonix
Me hablan en checo y en sánscrito

Nadie calla desde lejos, desde antes, desde la sombra
      larga de la voz

Santificado sea el silencio

LA mañana ha encendido su lámpara de led
Las casas ya respiran, los puentes, los tranvías
Tan lejos estás de mi fuego, mis uvas, mis prados de
       apio y violetas,
mi hospitalidad de sándalo e hidromiel

Te llamo con la boca de un pez rape
Los vientos desorientan mis balizas
Lloro lágrimas de mascarón

Tan lejos estás de mi selva de chopos, mis gavilanes,
       mis cornejas
No hay destino más cruel que el de una flor
       nocturna
No hay pájaro más solo que el búho al amanecer
ni diosa más exánime que Calipso abandonada

CUANDO suena el *swing* de la ciudad
aumenta el misticismo de la noche
No consigo abrir los ojos cerrados con llave

Soy la correveidile de palabras emigrantes
Mendiga. Redentora
Lío *tabaco* y *mar* picados

Vivo el minuto continuo en el destino imperfecto
Dejo mis palabras zombis en la música atonal

Pesco una *lancha* en la calle, *bicicletas* en los mares
Canto las notas barítonas de una sirena mulata

Y sé que murió el amor cuando cayeron tus ojos
        abatidos en los míos

Que el viento sople tu nave

¡Puerta abierta a la luz de Mesina y Esmirna!

MIENTRAS LLUEVE

Trato de hablar...
de las cosas que se mueven.
PINA BAUSCH

MIENTRAS llueve alguien toca el Opus Veinticinco
de Chopin

Mientras llueve no hay nadie en los parques y el
cielo es una plancha de hierro con óxido

Trato de hablar de las cosas que se mueven bajo
la lluvia de toda la vida

DIRÍA que la ciudad se mueve con la lluvia metódica
        y eterna
La lluvia musical de notas gélidas

Dos palomas se cierran como dos flores blancas,
los coches trazan líneas de aluminio en el aire
y un periódico viejo navega en un charco

Diría que las horas se disuelven en la lluvia
Sus minutos de vidrio parece que se empañen
y sus ranas rebotan de reloj en reloj

La avenida se ajusta — el neopreno de nubes
y se sube al tranvía — de la línea catorce,
el que tiene parada en los tejados

Diría que los paraguas son siempre de Cherburgo
Las hojas del otoño se vuelven viajeras
y las bicicletas regresan muy pronto

La gente se acostumbra — a un presente borroso
Diría que la gente no se mueve

LLUEVE el agua que viene desde lejos
Sacan los caracoles sus cuernos blandos

Los árboles del parque salpican como perros afganos

No sé hablar de esta ciudad de paraguas abiertos
de no ser al compás de sus goteras

No sé hablar de esta ciudad futurista y vetusta
de no ser con granizo que deforma la chapa de los
        coches

No sé hablar de esta ciudad, de no ser con un taxi
clandestino que cruza la plaza con palomas
y dos sombras que buscan el portal más oscuro
para volverse cuerpos luminosos

DEFINITIVAMENTE no sé hablar

El mutismo enloquece a las sirenas
y el tiempo se consuma en relojes suizos y chinos,
mientras llueve

Sɪ nadie pronuncia una palabra de agua, no llueve

Las palabras inundan el cielo de la boca
Empapan, encharcan, arrugan, reblandecen
y luego se evaporan igual que las certezas
Lo mismo que el amor

(El amor en un parque cuando llueve sobre la
        hojarasca crujiente y resbalosa)

Quiero hablar con borrones del tranvía
y el frenazo de un taxi clandestino ante una tórtola
        empapada

Las palabras fabrican para la calle
                        pantomimos, amantes, rapsodas

Crían larvas en la punta de tu lengua
Si pronuncias cierta palabra, te conviertes en polilla

Las palabras esperan a quien abre sus labios

DEFINITIVAMENTE no sé hablar
de las cosas que se mueven a la precaria luz de la lluvia

Muy pronto llegará la sequía

TODOS los caminos van a un río
Todos los laberintos se anegan

Cae la lluvia con fuerza sobre palés y cajas
y sobre instantes que engullen las cloacas

La lluvia transgresora de límites ambiguos nos
transforma en indígenas

Y vuelta a la sequía

HORA SEXTA

(ÁNGELUS)

No entres dócilmente en esta noche quieta...
Rabia, rabia contra la agonía de la luz.

DYLAN THOMAS

NO puedo recordar qué tengo que olvidar
Es fatal mi memoria

¿Quise atar mi estrella al barco que partió de mí
llevándome?

La memoria me habla en la lengua de las gárgolas
por la boca de un ángel de piedra que crece diez
metros, cien metros de sombra

Palabras de Luzbel y Serafín

Furia, furia contra el murmullo del olvido

LA memoria es un ángel guardaespaldas, fratricida,
con largo abrigo negro hasta los pies

Acaricio sus alas, filos, púas
Noto su peso-pluma,
su perfume de monte
Desconfío de su honesta
voz que me susurra
el Apocalipsis

Toda la noche eterna

Hasta que aúlla el lobo que despierta a los gallos

CON la memoria al hombro como la cacatúa de
        un bucanero

La memoria es un rifle de largo alcance

Si disparas, te arriesgas
igual que el petirrojo
cuando limpia los dientes del caimán

Memoria, guacamayo, vuela ya, pero antes
te hincaré mis colmillos de vampiro
que se desvanece ante la sangre

LA memoria da un salto sin red
Sin red

Memoria saltimbanqui,
suéltame en tierra firme:
a la sombra de mi alma cocotero,
en las garras de mi aliento zoológico,
en mi cama hecha con periódicos antiguos

Borra el rastro de liebres pecadoras
y ese gesto tan tuyo
entre sacro y demoníaco

No sé hablar, sólo transcribo
el susurro del ángel
que baila a mis espaldas
con pasos de sombras chinescas

Dice palabras sueltas
Piezas que debo engarzar:

El — amor — es — un — pájaro — que — vuela — dentro — de
        — una — gota — de — diluvio
El — desamor — es — el — canto — miserere — del — Ave — Fénix

¿CUÁNTOS vientos conoces, ángel?
¿Adónde nos llevan?
Estudiemos aeronáutica
o nos estrellaremos contra un suelo bendito

Las toallas ondean en los apartamentos
Cantan su balada los mosquitos en un mundo de
        ozono y argamasa
Los bloques de la costa confirman el fiasco de
        Babilonia

No mueves ni una pluma, ángel
¿Tu sigilo es omnisciente?

Yo te imploro. Rezo un *góspel*
Mi Custodio Empedernido, ¡responde!
No me dejes caer, verbo esquizoide

¿Quién calla y quién otorga? ¿Uriel? ¿Belcebú?
¿Parábola del bien versus eje del mal?
El ángel bipolar vuela *urbi et orbi*

El verbo candoroso sólo contiene tenebrosidad
a la luz mortecina de las apariencias

¡Qué dura la terapia de enunciados,
el *transfer*!

Odi et amo. Quare id faciam, fortasse requires.
Nescio, sed fieri sentio et excrucior[2]

CATULO

EL *ángel* casi nada reveló
Agitando sus alas de escayola,
voló el pájaro bendito
con estruendo de aeroplano de la Segunda Guerra

Tanto el feudo del cielo
como la fiesta de los condenados
parecían tener escapatoria

Yo pecadora incumplo penitencia
Ayuno panaceas
y enciendo una bengala junto al agua
¿Quién precisa redención en este siglo tecno-
        verborreico?

---

1. Odio y amo. Quizás te preguntes por qué hago esto / Lo
ignoro, pero así me siento y me torturo.

Compañero ciclotímico,
ex diablo sobre ruedas,
¿quedo extraditada del Edén?

Nada es tuyo, ni mío, ni de nadie:
ni culpa, ni pecado

El verbo se hace carne de cañón
¡Que se besen Abaddón y Anauel!

Vade retro y abrázame, ángel

Odia et ama

Hora nona

(15 h.)

Ein Mann wohnt im Haus der spielt mit den
Schlangen der schreibt
der schreibt wenn es dunkelt nach Deutschland dein
goldenes Haar Margarete.[3]

PAUL CELAN

POR la autopista costera pasan coches en llamas
Un avión de bajo costo se extravía por mi cabeza

Escucho los ecos del desmoronamiento
De la fatalidad. De la pequeñez
Oigo el roce de las pieles
De las miradas

Y caigo con Ananiel como una hoja seca

---

3. Un hombre vive en casa juega con las serpientes escribe /
escribe cuando oscurece hacia Alemania tu cabello dorado
Margarete

HE caído de un reinado que antes fuera de espinas,
y antes fuera fogata,
y antes fuera paloma,
y antes fuera tiniebla

Hay tanta belleza en la melancolía de la caída

Doy gracias al vestigio que deja la caída
Que deja la caída
Que deja

No hay palabra que valga si no cae por su peso
y después se levanta como una serpiente ante un
        caballo

Y después te sonríe como la niña cuyo nombre es
        Margarete

Y después se oscurece su cabello dorado en un
        cuarto sin ventanas

Resurrección

Me sentí acunada por este lloro
que era también canto tan de lejos y en mí,
porque nunca nada era mío del todo.
¿No tendría yo dueño tampoco?

María Zambrano

Me proclamaste diosa. Te investí navegante

He sido Patty Smith con guitarra de oro; Pina
Bausch con zapatillas rojas; Ingeborg Bachman, la
metafísica; Isadora Duncan, la volátil; Loie Fulle,
gira que gira; Dorothy Parker, la afilada

Yo fui tu orografía. Tu meteorología
Tú eras mi libertad condicional
Yo fui una bailarina con tutú de tarlatana y tobillos
     lastimados
Yo fui tu fondeadero y tú, mi palomar

Vivíamos en un bosque de espejos que estallaban
Tú sabías recogerme como a una trapecista cayendo
          con su leve traje de baño
Yo quería consolarte como a un guerrillero tras la
          derrota:
ven y llora en mi regazo de furor, osadía, nostalgia,
          terror, placer, fragilidad

Fueron tuyas mis manos (la inocente y la manchada),
mi pelo limpio, mi piel por dentro, todas mis
          mutaciones

Nada es mío, ni tuyo, ni de nadie
Sólo sobrevivir

VÍSPERAS

(18 H.)

Los más bellos poemas
se escriben sobre las piedras
con las mentes aguzadas por el misterio.
ALDA MERINI

CUÁNTA paz en el baile de las olas y constancia en la
luz de media tarde

La ciudad va saliendo del invierno
Florecen los ciruelos japoneses
y se abren las flores del cerezo
ante un cielo azul Berlín

Hay señores en mangas de camisa,
chicos en camiseta,
mujeres con rebecas de tonos suaves

Un ejecutivo cabalga en bicicleta
—es un hombre maduro y trajeado—,
mientras toca un rumano el violonchelo
en la esquina de las Ramblas

LA buscona de palabras
soy yo

Mi *zozobra* hunde barcos
y en mi *desbarajuste* nace una enana blanca

Reivindico el *Edén* para los pecadores
Debajo de mis sábanas navega el propio *mar*

Inventé una *odisea* para reconfortar a un héroe
        malherido
y para repudiar el intimismo de espacios
precintados

¡Puerta abierta a los vientos que remueve Poseidón!

RECHINAN por la calle los tranvías que viajan a la luna

Transportan pasajeros con móvil, con sus gafas de
cerca, con el nuevo bestseller, con chupa por si acaso,
con paraguas plegable, con tarjeta de crédito, con
mirada perdida

Prevalecen los bramidos de Centaurus en la
        geometría interestelar

Bendito sea el tufo pagano de la noche
y esta dulce congoja cuando pasan, tardíos,
los tranvías que regresan de la luna

Completas

(21 h.)

Todo estaba allí, te lo aseguro. Por la ventana.
Tras la luna. Grabado en el cielo.
PATTY SMITH

La luna declama palabras de autobombo
y las sopla hacia abajo:
hilo de plata,
joya nocturna,
luz cenital

Se autoproclama diosa
Selene
Se unge. Se corona
con palabras que brincan prisioneras en su cerco

SE entroniza la luna sobre un tilo
del paseo que lleva al crematorio
donde he visto autobuses modernos
y cuervos calcinados

Luna dice palabras de aire frío
que sostienen resecas el mundo

Yo soplo hacia arriba *calor* y *humo*:
Luna, cara de arroz, indúltame
Dime palabras vivas o calla para siempre

Soy la dama que vela de luna a luna
El muelle me conquista, a pesar de su hedor a peces
       muertos

Mientras un paseante retrata con su móvil las aguas
       aceitosas,
mis palabras trazan un esquema de árbol,
un boceto verde,
una línea continua que dibuja
el límite del parque, la calle populosa,
el puerto anochecido,
las olas que sostienen los barcos alejándose

Geisha luna, tú manejas los hilos

OTRAS palabras pintan un *poste* de la luz,
una *plaza* sin fuente,
la historia de una *tarde* de noviembre,
un *pájaro* que vuela hasta tu *boca*
congestionada, luna

Pelusas de achicoria sobre los eucaliptus,
sobre recuerdos de calles interiores,
sobre plazas que parecen fieras apaciguadas
cuando se desalojan inexplicablemente
y los edificios reverberan
el cambio de color de los semáforos

Todo lo sobrevuelan las palabras
Lo ungen. Lo duplican
Lo perfilan con su teatro de sombras

Alguien monta las piezas de un mecano entre los
        álamos enclenques

De vez en cuando chilla una gaviota

SÁCAME de tu olla, geisha

Tú, que te pavoneas por las sombras del muelle,
entre buques, gabarras, luces morse que pulsan
símbolos sobre el agua
y tranvías que frenan ante un puente caído

Luna, cara de arroz, líbranos de tu cerco

BAJO el crujiente glaseado de la niebla
se adormece la luna con la cábala

Sus palabras bullen en un cráter
Recubren con un manto de lava el sueño de la gente,
las huellas en las calles,
el dolor de la memoria

No siento abatimiento ni congoja. Es un nudo en los
        labios,
una lucha incruenta por soltar mis palabras rebeldes
        en el mar
y que salten alegres igual que los salmones
mientras la luna duerme

LUNA hambrienta, no me zampes

Geisha luna, con qué garbo manipulas los hilos

Déjame que te silbe
la canción que al oído me cantaba Otis Redding
No trates de infundirme temores con tus sombras
ni me hables de infiernos o venganzas

Tú no eres la reina de la noche

---

4. *La venganza del infierno hierve en mi corazón.*

MAITINES

(MEDIANOCHE)

Wiegala, wiegala, wille,
wie ist die Welt so stille!
Es stört kein Laut die süsse Ruh,
schlaf, mein Kindchen, schlaf auch du.[5]
ILSE WEBER

NOCHE ardiente
Tiempo final

Es la hora inexacta
en que el último tranvía de los muelles
estremece el puente que nos une y también nos separa

Qué silencioso queda el mundo

Ya es hora de dormir a los barcos
como a niñitos en su cuna

---

5. ...¡qué silencioso está el mundo! / Ni un solo ruido turba la
dulce paz, / duerme, mi niñito, duerme tú también.

El país en mi corazón me pertenece sólo a mí.

MARC CHAGALL

BOHEMIOS, confiados, vigorosos,
grotescos, lastimeros, abatidos…,
todos los barcos duermen

Nada es mío ni de nadie
No hay palabra ni tierra filosofal

Sólo el país impuro y diminuto
(cien verstas como mucho[6])
que palpita dentro con mi corazón
sí me pertenece

sólo a mí. Rojo y caliente

---

6. Versta: Antigua medida de longitud rusa, equivalente a
1,6 km. *Cien verstas como mucho*: Antón Chjéjov.

Donde las viñas florecen

...y la piel que me impedía crecer cae al suelo.

Rosa Lentini

He caído a una calle sin nadie
Conmigo cayó la piel que impedía el crecimiento

Cayeron las palabras después de remontar en mi
      cabeza
igual que una cometa dibujada en el cuaderno de
      un niño

No hay palabra que valga si no aguanta
como un anciano el golpe del recuerdo,
como un héroe la secuela del olvido,
como una diosa la atracción de los mortales

No hay palabra que valga si no afina
la voz de una sirena que desentona

No hay palabra que valga si no envía
su tesoro con viento favorable

No hay palabra que valga si no alumbra
como el púlsar una vez por cada giro

No hay palabra que valga si no ensarta
la *estrella* que nadie nombra y el *barco* que nadie espera

Setenta Silencios por Minuto

En la distancia suena
el blues de la ciudad,
el rap de sus motores
y el metal de sus máquinas

Las Gigantas lanzaron un sedal
Pescaron en Epiro y en Tesalia
palabras que respiran por agallas,
dilatan y contraen su corazón a pilas,
iluminan un cerco como el faro,
alumbran como lámparas mineras

Barco. Ninfa. Araña — Pez. Medusa. Geisha. Oruga

Palpitan. Callan. Palpitan
Alumbran. Ciegan. Alumbran

Ningún corazón vale sin latido
No hay estrella que alumbre sin palpitación

Hay que seguir. Doy gracias al silencio
que dejan en el pecho los latidos,
que dejan en el aire las palabras,
que dejan las estrellas en el cielo

Setenta Silencios por Minuto
es la tregua que ofrecen las Gigantas

Y en un silencio salto desde el barco
que partió de mí llevándome

Y salto en un silencio desde el barco
al país que palpita en mi interior
donde las viñas florecen y las fuentes manan

ACCIÓN DE GRACIAS

Doy gracias a Rosa Lentini por ser faro en la búsqueda de mi Calipso interna, por dejarme respirar su poesía y por darme su bendición. Doy gracias a Dionisia García por animarme a respetar mis voces poéticas. Ella me dijo: no puedes renunciar a tus voces, son tus tesoros. Sólo tienes que procurar que guarden su turno de palabra. Tras nuestra conversación pude escuchar las voces de este dueto y ponerlas a dialogar. Doy gracias a Esther Miquel, porque ella nos condujo por la psique del nauta Odiseo, por los mares de la antigüedad, por los caprichos de los dioses y por las veleidades de los humanos. Doy gracias a Begoña Knörr por ser la gran visionaria social que reunió a la tripulación. Doy gracias a Pilar Corcuera por ser la primera depositaria de la voz de mi Odiseo, camionero como su padre Balbino. Doy gracias a Ángela Serna por darme su abrazo en la poesía y mantenerlo. Doy gracias a Elena Cobos por ser la Roma de todos mis

caminos. Doy gracias a Itziar Mínguez Arnáiz
por ser mi referente urbana y mi confidente
necesaria. Doy gracias a Julia Otxoa porque
todas sus voces saben de un mundo mejor. Doy
gracias a Itziar Rekalde por llevarme a transitar su
oralitura. Doy gracias a Carmen Vicente porque
guarda la alegría en sus ojos. Doy gracias a Juan
Luis Deza porque guarda al nauta en su voz.
Doy gracias a Roberto Lastre por ser la primera
persona que me hizo sentir escritora. Doy gracias
a Kepa Murua por abrirle ventanas a mis pájaros.
Doy gracias a Rosauro Varo por instarme a decir
nosotras con mujeres de África y de otras orillas
del mar. Doy gracias a Sebastián Bayo Monjas
por darle arquitectura psíquica a mi ninfa. Doy
gracias a Victoria O'May por vestir de alta costura
mis libros. Doy gracias a El Desvelo Ediciones
por desvelarse por nosotros. Doy gracias a Erich y
Paula Huber siempre.

Índice Xenía

A ocho de marzo de dos mil veinticuatro
(41.22 grados Latitud Norte.
2.10 grados Longitud Este)

A ocho de marzo de dos mil veinticuatro
(41.22 grados Latitud Norte.
2.10 grados Longitud Este)

Motel Milla Noventa

Primera edición, mayo de 2024

El Desvelo Ediciones
Floranes, 51, 1ºT
39010-Santander
CANTABRIA

www.eldesvelo.es
info@eldesvelo.es

ISBN: 978—84—128690-6-4
Depósito Legal: SA 231—2023
Impreso en España—Printed in Spain

Este libro ha sido impreso en papel Coral Book, el cual
dispone del certificado de gestión forestal responsable FSC,
que garantiza una producción respetuosa con el medio
ambiente.

Última Thule

Motel Milla Noventa

Ángela Mallén

NOSTOS

νόστος

Léanse los mensajes de los náufragos a la luz de una hoguera.
Nadie sueñe con salvar a los náufragos que se ocultan
en la neblina.

Kilómetro cero

*Cuando emprendas tu viaje a Ítaca
pide que el camino sea largo
lleno de aventuras, lleno de experiencias.*

C. P. Kaváfis

La diosa me decía: «camionero
háblame de los puentes
que brillan como anuncios de neón
Háblame de las tardes en que los franqueabas.
Y del río profundo,
de los barcos tan lentos. De la congoja azul»

Mi camión transportaba butanoles,
mercurio, litio, helio, naftaleno,
acetato de amilo, tetrametilsilano
Mercancías peligrosas
Era un *longo veícolo* de ruta
sorteador de perros, ciclistas y ataduras

Las autopistas daban a un puerto cada noche
hasta que mi destino dibujara un motel
en la milla noventa de la curva
donde un viejo urucú dialogaba solo
y a cuya larga sombra
tocaba chamamé   un violinista muerto

La diosa me decía: «camionero
regálame tu soplo,
tu corazón de diésel»

Mi camión transportaba viguetas y largueros,
o troncos de cerezo y abedul
El runrún suplantaba mi memoria. El mundo se
lanzaba contra la cabina
pero no me apeaba hasta alcanzar su cuerpo
Y cuando lo abrazaba —sólo entonces—
me sentía establecido

El tráfico alumbraba el cielo del infierno
La oscuridad caía
sobre un aparcamiento de lagartos
Y la milla noventa era el fin de la tierra

En nuestra habitación llena de velas
ondeaba el añil de las paredes
como cuando te ahogas en ti mismo

La diosa me decía «camionero
déjame que te arranque la camisa de cuadros
y enloquece conmigo
lo mismo que un *cow-boy* con una avispa»
Cosas así decía   en las horas inmóviles

Yo rezaba en su boca mis plegarias impías

1. De Český Krumlov a České Budějovice

(Mensaje en una botella de cerveza Pilsener Urquell)

Pasos de un peregrino son, errante,
cuantos me dictó versos dulce musa en soledad confusa,
perdidos unos, otros inspirados.

LUIS DE GÓNGORA Y ARGOTE

… sujetos líricos que van a la deriva,
deambulan, incapaces de arraigarse
en un lugar que tenga significación ontológica.

SHARON KEEFE UGALDE

Un hombre en un camión

Llueve sobre campos de colza crecida.
Llueve sobre el asfalto y los arcenes forrados de genista. Llueve
sobre pastos con vacas, colinas con château, pueblos sin
gente. Al pasar por debajo de los viaductos cesa la lluvia un
segundo, un suspiro, un impasse. Y otra vez las vacas mojadas,
pastando serenas. Tres filas de camiones de alto tonelaje y gran
cilindrada. Camioneros tan inmutables como las vacas. Las
filas no avanzan. La lluvia no para. El cielo se licúa como si
antes hubiera sido una pieza de hielo. Avanzamos muy poco.

Yo soy un hombre frágil dentro de mi camión
con motor biodiésel, híbrido y enchufable

Despiertan a mi paso las señales dormidas
y los árboles cierran párpados de madera
El ojo omnipresente de la tierra
vigila siempre abierto

No eludo los designios de las Moiras
Las señales decretan mis acciones
Las tormentas recalcan mi caos interior

Soy un hombre muy frágil dentro de mi camión
trampero de serpientes blancas y escurridizas

Procuro no pisarle
el rabo a las culebras

Ellos lo saben

El ojo siempre abierto de la tierra se ciega ante las luces de los faros. La cinta nos transporta hasta una encrucijada. Cada vehículo acepta su predestinación. Las autopistas saben adónde conducirnos, qué nos espera allí. Entretanto, el cielo enciende su fuego majestuoso con el que pinta de rojo el horizonte. Cuánta belleza para nosotros, quienes apenas comprendemos otro rojo que no sea el de los semáforos. Y nos dejamos conducir, soñolientos, por los oráculos navegadores que todo lo saben.

El cielo negro y duro abre su celosía
Amanece la aurora con dedos sonrosados
sobre la carretera que confunde
la mística del agua,
la hojarasca del bosque,
la extrañeza del tránsito

En los trigales crece la mañana de oro
y la noche se duerme en su follaje azul

Mi *veícolo longo*, de alto tonelaje
acarrea bidones de residuos:
silicio, grava, arcilla, aceite combustible,
propelentes de espuma y aerosoles,
conservantes textiles, alquitrán,
plaguicidas, productos
fitosanitarios

El asfalto soporta todas las mercancías
La niebla nos sumerge en los enigmas
de la distancia

Los camiones intentan cumplir con su destino,
pero únicamente la autopista
conoce lo dispuesto por el hado

NADA SUELTO

El horizonte ensarta el humo de los trenes
y recose las lunas con los soles,
las torres con iglesias, fiordos con favelas,
un *taureg* con un *sherpa,*
el último mohicano y un cómico de Bruckling,
los santos inocentes con los filibusteros,
un cracker de la Alcarria y un trampero de Kiev,
pelícanos y vacas, nubarrones y motos,
la Scala de Milán, las tabernas de *kebab,*
la rosa de los vientos, las ratas del olvido,
la noche con el día

El mundo lo articula el horizonte

Todo pende de un hilo pintado con tizón:
Pelícanos, gaviotas, nubarrones, velamen,
cometas, papelotes, volantines de playa
sujetos por el humo, como todo

Filamento de hollín para ordenar el caos

El horizonte intenta no dejar nada suelto

LA MIES YA ESTÁ RECOGIDA

En la carretera que va de Český Krumlov a České Budějovice se alternan los campos de cereales y los bosques de pinos reforestados. Tras alguna curva, surge de improviso un puesto con sombrillas rojas donde tomar un refresco o un poco de fruta. La mies ya está recogida en haces cilíndricos sobre praderas estampadas con flores amarillas y blancas. Y otra vez los pastos bajo el cielo de verano.

¿Sabrá el navegador qué existencias transporto
en mi memoria de treinta toneladas?

¿Sabrá del algarrobo en cuyo tronco
alguien escribiría MILLA NOVENTA
como en una pizarra?
¿Sabrá del motel cutre con un corazón rosa
de neón intermitente fosforito?

¿Sabrá que ciertos puentes atraen a los sintecho,
atraen a los amantes,
atraen a los suicidas?

¿Sabrá de aquellas noches en que los franqueaba
por su línea de puntos
como un recortable de papel?

¿Sabrá de mis lecturas de Homero y de Bukowsky,
con ojos de embriagado y aliento de pelícano?

¿Sabrá que sólo vemos las luces de los faros,
lo insondable del cosmos
y el tramposo reflejo de las indicaciones?

¿Sabrá que lo restante es misteriosa
penumbra y lejanía?

LLUVIA DE PERSEIDAS

Los camiones rechinan sobre el pavimento.
Sus faros acribillan las barreras de lluvia, nieve o bruma. Rebusco
mi destino en las cartas de Urano, donde Cronos y Rea incitan a sus
basiliscos. Todo motel es sumidero de la noche. Allí dentro hay ruinas de
emporios mitológicos, despojos de la guerra entre galaxias, ángeles de la
guarda desterrados, un corsario galés de ojos azul cobalto y el espectro
conductor de un Caterpillar. En el Motel Milla Noventa, la suerte estaba
echada: habitación con vistas a su cuerpo.

En noches en que el cielo
chispeaba herido de Perseidas,
las palabras caían
de su boca a mis besos

«Acaricia la seda de mi piel
y llévame contigo por valles y quebradas
Enséñame la noche en la velocidad»

Envuelto entre los brazos de la Diosa dolía el ya no más
el casi, el demasiado, los apenas
Pero siempre arrancaban los motores

Y mientras me alejaba
de nuestro paraíso de cartón,
un corzo de tristeza agonizaba
bajo mis ruedas, fieras inocentes,
atravesando campos de tulipanes rojos

Sustancia azul

Ésta es la luz de la mente, fría y planetaria.
Los árboles de la mente son negros. La luz es azul.
                                        SYLVIA PLATH

Me detengo en un prado
donde sólo se escucha el tic—tac del reloj de la cabina. Un
cacareo resuena en la distancia o tal vez dentro de mi cabeza.
Algún ente incorpóreo camina sobre la cubierta del camión
con su leve crujir. No suena nada más. Se balancean las hojas
de los árboles en un silencio luminoso.

Mi corazón fueloil se acelera
aunque quiera calmarlo el silencio del campo
Mi madre me crio con leche azul
y tetranitrometano

El viaje es azul como el seno materno
Azules son los pueblos que se esfuman
y los cuerpos que yacen en cunetas

La nostalgia es azul como el cielo de Ítaca
La distancia es azul como un espectro
De lejos son azules los campos de lavanda,
la escritura cuneiforme de las nubes
y el retiro plomizo de los montes

De la sustancia azul me salvaguardaba su carmín

Perseguir a la culebra

Las leyes del campo no varían,
ni siquiera las quebranta una carretera. Los árboles pierden
sus hojas en otoño para recuperarlas en primavera cuando se
llenen de lunares dulces. Si llueve muy fuerte, las vacas dirigen
hacia el suelo sus ojos laterales. Algunas se refugian bajo los
árboles. Luego regresarán a la pradera en cuanto escampe,
y rumiarán la hierba con sus parsimoniosos maxilares. Los
viajeros atraviesan los campos mirando al vacío con ojos de
viajero. Escuchan la música que se descargaron de internet.
En apariencia, hay dos mundos paralelos: el impertérrito que
soporta la casuística y el del tránsito en su precaria actualidad.
Sin embargo, los vehículos fugaces anidarán en sus cocheras,
y sus tripulantes caerán dormidos en una cotidianidad que
produce el efecto de vida eterna.

Entre lluvias, las luces — relumbran en quebradas
donde se alza el espino y esperan los difuntos
a su prometida Resurrección

Hay caminos que van al paraíso
y autopistas que llevan al averno

Bajo las alas negras de los buitres
extienden y contraen sus músculos de oruga
las calzadas obtusas
A lo lejos asoman castillos de torreones,
parques abandonados y tranquilos fantasmas

Leguas, varas y yardas
separan mi deseo del cuerpo de la Diosa
Me explota la memoria como una bomba lapa

Mi corazón de diésel calienta sus motores
Hay que avivar la fuga y enfriar la llegada
Perseguir a la culebra y aceptar el exilio
antes de fantasear con el retorno

Siempre hay que irse

Castañas por el suelo.
Hojas de cobre viejo con destellos borgoña, casi lila. Crestas
pajizas. Horas frescas y atardeceres largos. La decoración
del otoño ya preparada, sin dilación ni excusa. Sin obreros
ruidosos ni intermediarios interesados. Sin daños colaterales,
ni salpicaduras, ni cascotes. De manera natural. Y puntual.
Toda la vida cumpliéndose el excelso regalo, el don: en
abril, verdes matices de hoja-yerba-brizna-aguja. En el
mayo francés, pompones amarillos de genista, kilómetros de
lavanda pura. Y amapolas, si le convienen a la decoración.
La alfombra verde del junio checo, pisoteada por los turistas
en agosto, reseca en septiembre. Hasta caer el manto liviano
helado y blanco. Entonces se oculta el campo, las ciudades
pierden sus aristas. Y pronto llegará diciembre. Pero siempre
hay que irse.

Le agradezco al destierro
que me haga soñar con el retorno
Olmos, tilos, castaños,

plataneros y sauces
huyen de mi camión como huye la garza
cuando los montes arden

Yo también soy esquivo
Filmo los exteriores a cámara ultrarrápida
Porque siempre hay que irse
Atrás quedan ciudades y riberas,
lagunas de Tartessos
inmersas en tiniebla y fuegos fatuos
Y atrás queda la diosa en su edénica Ogigia
donde los árboles dan fruto todo el año

(Esposa querida
no en demasía tu corazón se acongoje
que mi nostalgia vence)

2. Entre Ludwigsfelde y Amsterdam-Oost

(Mensaje en una botella miniatura de *Kirsch*)

Oh, how we danced and we swallowed the night.[7]

TOM WAITS

Ando por el mundo como por un bosque.
Sobre los pies, sobre las manos, a derecha e izquierda.
De árbol en árbol las hojas caen. Me despiertan.
Tengo miedo.

MARC CHAGALL

---

7. *Oh, cómo bailábamos, y nos tragábamos la noche*

QUÉ NORMAL PARECE TODO

En esta carretera todo el mundo tiene un camión.
Tom Waits me canta el temario completo de **Rain dogs**
mientras flotan las nubes en forma de Ratatouille o de lechón.
Las colinas se desdoblan, los arcenes se ajustan al paisaje y
los insectos se suicidan contra el parabrisas. El cielo es una
película en 3D. Los árboles y letreros parecen saltar de la
pantalla. El pensamiento desvaría: lo normal me parece
extraordinario y mi extraña vida errante me parece normal.

Me parece normal llevar un tráiler
en ruta por los bordes imprecisos
de ciudades dormidas

Aprendí a esquivar liebres y ciclistas,
radares y ataduras;
a reparar fusibles de colores
y a recambiar mis ruedas de cristal

Rodeo las capitales por circunvalaciones
Transporto mercancía peligrosa

Por ejemplo, explosivos,
bromuro de metilo, demencia, acetileno,
sueños, temor, quimeras,
fatalidad,
fosgeno, gas licuado, peróxido de hidrógeno
álcalis de aluminio, carboncillo, magnesio,
vigas de acero en hache y tableros de pino

El runrún sustituye al pensamiento
y se eleva la música del tráfico
sobre los terraplenes
Obsesiones y retos se diluyen
en la tiniebla hueca de los túneles
Colisionan los mundos forasteros
contra mi delantera reluciente

No se fragmenta nada y no despierta nadie
Los faros antiniebla evidencian las huellas
de quienes van directos al averno

VER SIN VERSE

Las señales imponen su mandato.
Se agolpan, me atropellan, se desdicen, se contradicen.
Mienten como diablos chiflados e imponen su ideología
categórica: Pase— No pase—Corra—No corra—Tuerza—No
tuerza. STOP.

Marchaba a ciento veinte por las pistas cubiertas
de emblemas cartesianos, columnas y palenques
Mi ojo verde en marcha barría la carretera
engullendo la baba de la serpiente gris

STOP, dictaminaron las leyes del asfalto;
y entornó mi camión sus párpados haluros
El ojo de la tierra
despertó ante mis faros. Se cegó
porque la luz directa no se ve
Ni tampoco las luces de uno mismo
¿Qué es ceguera y qué es visión?

Ver sin verse ¡qué enorme sinsentido!
El ojo apenas sirve para la claridad
La luz asusta al ojo
Mi ojo verde está solo. Videntemente solo
Intenta no cerrarse ante la luz
que embiste la penumbra

Mi ojo de rapiña mira al frente
y choca con el ojo terrenal
que ha visto sin moverse
resplandores, contornos, contingencias
Mi ojo pasajero en la cabina
no verá más allá
que el ojo detenido en la cuneta

Mi ojo explorador
se enfrenta con el fijo de la tierra,
turbio como la córnea de un pescado
¿Buscará la ocasión de trasvasarse
mi ojo oportunista y temerario?

Náufragos de motel

La gente, en sus ciudades, construye catedrales y ruinas.
Conservo piezas sueltas de los itinerarios: fogonazos en marcha.
Las cigüeñas viven en un dúplex sobre postes de luz. Debajo
de los cielos de una ciudad sureña hay una calle que se llama
De Alzapiernas. La Pensión del Reverendo está en la Calle
Humbold (a tres cuadras de un Centro de Salud). La Alameda
del Duende se oculta entre los robles como un violador.
Cuidado con el cruce de peatones y la boca del metro siempre
en obras. Luego doblar por Ronda Magdalena. Dos calles más
abajo, Cantón de las Angustias, dando paso a tres tiendas:
Carnicería de caballo. Pollería. Camisería. Después viene el
convento. La casa con buhardilla, donde alguien cantaba «O
sole mio». Los caños que achicaban hace siglos detritus, sangre
y zinc. Liquen sobre las piedras en la plaza Pío XII, la Iglesia
de San Antón, la Abadía del Corregidor. Antiguas galerías,
porches, cruces, pasajes. Los grandes almacenes de la Avenida
Canciller. El túnel de Castalia y luego el terraplén. Desde allí
todo recto hasta la Carretera Nacional. Cambio a las luces
largas. Pasan siglos, puentes, pueblos. No paran de correr.

Poseo la memoria receptora
de los navegadores
en posicionamiento por satélite
No paran de correr los mundos por mi lado
y me vuelven borroso

Serpiente discontinua
Corazón intermitente

En la explanada seca y polvorienta
de un estacionamiento de camiones
un algarrobo marca
el último kilómetro al borde de la tierra,
donde un violinista difunto en accidente
toca junto a las flores su propio miserere
con la melancolía de un náufrago de hotel

NOCHE INSOMNE EN LA CABINA

El mar inventa barcos para las despedidas
El tiempo me examina con el ojo que tiene en cada torre
Esposa, tu recuerdo
es un mástil en medio de un tifón,
el cerco de un candil en mitad de la nada
y la hambrienta mirada de los peces coyote

Nacieron siete mares de un negro positrón
Y en cada mar navegan siete barcas:
la del embaucador, la de la maga, la de un meteorito,
las tres balsas sin remo de los desarrapados

Con las aguas pasadas
el infinito enjuaga su garganta
Ha llegado la aurora de un día magullado
Quien escuche en la bruma
detectará el aullido del lobo que me habita

Reposa el firmamento sobre un cuello sin cara
Conjetura precisa, libertad condicional

El alma muerde el polvo de las estrellas muertas
Hay un limbo más allá de la metáfora:
el salto de una pulga en el lomo de Draco

Por el éter recorren maratones
los luceros de Antilia, la tiniebla de todos
Vuela el tiempo perdido sin brazos ni alas delta
Las estrellas fugaces padecen un chispazo de ansiedad
Sólo llega el nirvana si se calma la psique oceánica
a la hora en que náyades y ondinas
hacen morder sus cebos
O tal vez viceversa

Azotan brutalmente las olas en la luna
De soledad ya he muerto
en la estepa de ausencia

Tierra de nadie

Puentes en forma de medialuna, medio barco, media escalera. Radio Nostalgie. Radio Bleu Limousin. Áreas de servicio con su obstinada perpetuidad: combinatoria de olores y productos para el consumismo pasajero. Zonas atestadas como plazas mayores. Todas se olvidarán. Tierra de Nadie regentada por virreyes que viven a miles de kilómetros. Pinos silvestres que alejan el mar. Y otra vez el peaje. La barra blanca y roja se alza como un palo amenazante. Pero no descarga; sino que cede, se rinde, concede (el paso) tras el diezmo.

El corazón aviva sus motores
Los faros acribillan el trayecto
El viento me farfulla las plegarias
de mi diosa profana:

«Deja que yo conduzca tu corazón gasóleo
y dime qué sentido buscan las autopistas
Llévame en tu cabina por montes y vaguadas
Háblame en otras lenguas melodiosas
Y ahora duerme conmigo hasta que el día muera
de viejo bajo el palio de mis sábanas»

Cosas así decía
la diosa
en las horas inmóviles,
mientras caían las sombras
sobre los paquidermos aparcados
y su cuerpo flotaba desnudo en azul Klein

POR NO CAMBIAR DE ALMA

Escucho a Tom Waits por no cambiar de alma. Ser fiel.
La música resuena diferente cuando hace calor. Las ciudades feas
sólo son feas desde fuera. Una vez dentro, siempre se encuentran
detalles bonitos: las tiendas de ventiladores, carros de la compra
con ruedas, electrodomésticos de marcas baratas o cuando pasa un
chico con gorra escuchando música hortera.

Por no cambiar de alma, los camiones
bailan *Rhythm and Blues*
Resuenan sus bocinas babilónicas en áreas de descanso:
bellas vistas al desembarcadero
Aparco en batería

Mercantes y chalupas pastan como terneras
Peces globo revientan contra los balleneros chipriotas
Chapapote y pateras, una *zodiac de luxe,*
transatlánticos godos y canoas vikingas
Marinos travestidos de sirena
y un pesquero regido por Ahab
Timesio el navegante
capitanea un barco portacontenedores
y Elvis baila en un ferry de carbono y composite

Del puerto a la ensenada, el tránsito es azul
Tsunami azul
Mi camión es un buque
que surca la espesura de los mares
a la velocidad de las centellas
La tristeza es lo más azul de todo
Como una jungla azul

Ahogarse es azul

EL GALLO DE LA TARDE

Los sonidos suben al cielo del campo.
Un perro ladra a ritmo de dos por tres (pie yámbico por pie
dáctilo). La cortadora de césped lejana, sorda, como la voz del
aburrimiento. El reloj de la cabina. Pasos que se acercan y a un
retazo de conversación campestre. Pasos alejándose. El pájaro
carpintero. La mosca. Un coche a ralentí por la carretera
vecinal. Sonidos sin mezcla. Puros. No hay fondo: ni barullo,
ni ajetreo, ni algarabía, ni rumor. A las tres de la tarde canta el
gallo tardío. Y comprendo que me lleva la nostalgia.

Los letreros caducan
si navegas por los mares sin ley
Levar anclas,
izar velas
a favor del viento y del azar

El destino se escribe sobre papel mojado
Cuarenta y tres amperios. Sin visibilidad
Me encomiendo a los íbices del viento
(Nunca se sabe dónde viven los tiburones)

Mira bien el asfalto, ojo rastreador
Ojo que saltas por los viaductos

Videntemente solo,
mi ojo ya no puede cerrarse a la certeza
Ve soledad en mí y en el bullicio

Los arcenes me observan con sus ojos telúricos
El ojo de la tierra
se duele ante mis faros, tan atroces
Se ciega, ya se ha dicho, con la luz

¿Qué es ceguera y qué no?

No veo mi propia córnea de marfil
Ver sin verse ¡qué inmensa crueldad!
Mis ojos sólo advierten la ilusión de los mundos
Persiguen a la sierpe hasta la infinitud

Nostos

Soy un hombre sensible de alto tonelaje
con la memoria fiel de un GPS
La diosa fue sirena de mi acuario
y consolaba al niño que rompió
su barquito fantasma

Pero tú eres mi luz
de faro, mi vigía
Tú, mi tierra natal
Tú, mi ventana abierta
a una calle borrada por la lluvia

(Esposa querida
No en demasía tu corazón se acongoje
que mi nostalgia vence)

3. RUMBO A LABENNE

(MENSAJE EN UNA BOTELLA VERDE DE PERNAUD)

Al cerrar los ojos, pude percibir claramente
cómo se tambaleaba mi corazón.

HARUKI MURAKAMI

Dígamelo Usted
por qué ardo como un vertedero seco

CHARLES BUKOWSKY

UN ALMA VIAJERA

Los aspersores expulsan una curva de agua.
Las vacas rubias pastan desnudas, sin su traje de manchas negras.
Las nubes, sueltas como globos de helio, anuncian el sur. La línea
de camiones es el moderno convoy que surtirá de mercancías
las áreas comerciales. Y los unifamiliares —ranchera cabriole,
berlina, monovolumen, todoterreno— todos son de color coche
(gama blanco y negro, gris marengo, rojo, azul metalizado). Los
aspersores rocían agua de tornasoles.

Ondeaba nuestro lago
en su propia superficie arrugada
Sobrenadaban dientes de león,
colillas, peces muertos
Se hallaban en la orilla piedras lisas
y los troncos para atar una barca
La familia de ranas, la de patos
y las sanguijuelas invisibles

Hay un algo flotante, como enjambre de abejas
Algo que me acompaña y me traspasa,

me empuja y tambalea,
me fragua y vaporiza

Un algo como un alma
antigua, inconsistente. Viajera

Un día de viento

La memoria es mi espejo retrovisor.
Dejaba a la derecha la caseta de peón caminero Calle Fischer
abajo —eludiendo las broncas de los jonkis— hasta la Calle
Amstel, donde se abría el bulbo del desembarcadero. Junto a
la Candelaria, culebreaban, negros, los canales en busca de
una luz exterior. El Callejón del Pinto provocaba un efecto
de arbotantes. Allí se mimetiza Moonstreet como un insecto
palo de la jungla. El pórtico románico del Arroyo del Quinto
guardará todavía el apéndice incorrupto de satán. Callejas
muy angostas, difíciles de abrir con un camión.

Carreteras estrechas. Navegación difícil
Viajo con mi Scania vencido a barlovento
El velamen al pairo, tendidas las escotas

El viento mezcla el humo de los barcos
con el humo de las locomotoras
y de las factorías de conservas
También del cigarrillo que fumó Dennis Weaver

El viento hace temblar el torso de los álamos,
voltea las campanas, espolea las velas,

Con el viento a favor, surcamos el Garona
Silban los aspersores
Los camiones levíticos entonan gregoriano
Corren por la espesura y resuena su claxon
como buques de guerra

Soy un hombre de vidrio
dentro de la coraza de un camión
Acompaño la música del viento,
mientras se apaga el campo y sus bancales
con la armonía azul de un violonchelo
Cerca de la escollera de Neptuno,
más allá de los bosques atolones
y del Cabo de Sunion,
me aguardan las conciencias alienígenas,
peces lumpen y medusas vampiras

El viaje es azul
Notas cobalto y Prusia sobre los rompeolas
Cuando atardece el campo ante mis ojos

y suenan en mis huesos sus violines,
persigo a la serpiente
que va de rotación a traslación

(Compañera mía del ocaso,
no decaiga tu espera
Tú sabes hacia dónde viaja el alacrán
bajo la vía láctea con todos sus dragones)

La autopista del tiempo agitado

Maniobra de adelantamiento.
El autobús me reta y le respondo. Entonces soy consciente de
los postes de la luz.
Son incontables. Unidos por tres cables gruesos. Enmarañando
el campo. Tal vez inmovilizándolo. Los gigantes del parque
eólico agitan sus largos brazos. Uno de los molinos, el
catatónico, continúa sin inmutarse, como un ángel dormido,
como un cristo de harina, como un héroe sin hálito, como
un muñeco roto, como un muerto a lomos del horizonte.
¿O quizás es el vigía? Los girasoles se muestran cada vez
más atónitos, con los ojos como platos amarillos, intentando
averiguar qué clase de hora marcan los gigantes blancos del
tiempo agitado: ¿Las veintiocho menos uno? ¿Las tres horas
verdes de los árboles? ¿Las cuatro de la colina desollada?
Las nubes de aceite industrial van aligerándose, perdiendo
grasa, perdiendo componentes condensatorios y volviéndose
ligeras, vaporosas, inmaculadas; de una pureza dulce y
flácida. Levitan detenidas en el claro turquesa del cielo, como
ropa tendida de bebé en un día de verano, como esculturas
de merengue glasé, como diapositivas de fantasmas, como
figuritas de nieve naive. El autobús sigue su ruta, obediente,

ajeno, ¿veloz?, con su música de Robby Williams y de
selvofrenos. Acata las órdenes de la autopista, obviando los
mundos marginales: la carne de arcén, las cabecitas amarillas
de los girasoles, los postes tejedores, los relojes gigantes
que miden un tiempo agitado, sincronizado por el viento.
¿Alcanzará su destino a las diecinueve treinta de los relojes
diminutos que miden un tiempo supuestamente parsimonioso,
que adelanta, atrasa, vuela, se detiene? A través de los
cables, por la cicatriz del campo, ya habrá llegado la luz a la
velocidad de la luz.

Canta el claxon con voz de caracola
Mi ojo perdiguero atosiga a la boa entrecortada
Un tucúquere vive en la cabina
Picotéa *pizzicato*
Él será mi operario y mi usuario
mientras dure el ensueño del viaje

No hay mapa de salidas. Laberinto. Maraña
Falsos indicios. Puentes. Líneas en el asfalto
Miro siempre adelante
El mayor bien común — es de velocidad
La ley más implacable — es de limitación

Los árboles flanquean el viaje
luego desaparecen a mi espalda
Percepción de las nubes. Escasez de firmeza
La efímera conciencia de autovía

Por encima de todos vuela el cosmos psicodélico

Reloj de luna

*La memoria copiloto no para de largar. El segundo desvío
a la derecha, tras la ruina del fortín carovingio, donde
ululaba el viento desde el bosque de Sherwood y el río de la
ambición se evaporaba. Donde un ángel impío malcriaba a
un tigre de papel. El motel de la milla noventa, obviado en el
trayecto como una bicicleta en el arcén. Delante estacionaba
mi camión Luis XV entre otros vehículos de alto tonelaje.
En el bar retumbaban los tenores beodos y la diosa fumaba
pitillos mentolados tras una ventana sin cortinas. Habitación
sellada como los escenarios de los crímenes. El sofá rojo vivo,
las sábanas manchadas por amor y el póster de una playa de
Bahamas. Siete vueltas al mundo por verter siete lágrimas
entre sus largas piernas. Siete gotas salinas. Siete leguas. Siete
hachazos de Zeus y de Temis. Mi tiempo se detuvo en su reloj
de luna.*

En un reloj de luna, la ciudad
se abría para nosotros como flor de Papúa
O tal vez se expandiera hasta dilapidar el horizonte
y luego el infinito

Al alba, dos furtivos
en mi camión que huía como una rata
Los autobuses eran sargazos colorados
Al fondo rechinaban los dos estibadores
Apenas era audible el vuelo de las tórtolas

El frío de amanecida. Regadas las aceras
Muchas palomas pardas
y un cerco de tabaco y polución
Barriadas soñolientas con persianas echadas,
mesones marisqueros, tenderetes vacíos
de las floristerías,
cancelas clausuradas de *La Caixa*

Al trote en mis corceles de vapor,
la diosa se dejaba conducir,
orillando los bordes
imprecisos de barrios forasteros,
a la hora temprana de los descargadores

La brisa con olor a pan caliente,
a pescado podrido y a brea de los barcos
En el pecho la angustia, la pasión. Sus timbales

ÁNGELES DE CELAN

Con todos los pensamientos me fui
fuera del mundo: allí estabas tú.

PAUL CELAN

Enormes explanadas vacías. Multitudes en cola.
Salchichas con curry. Autobuses con altillo. Cruces ansadas,
celtas, esvásticas. La hoz y el martillo. Profecías económicas.
Banderas y grafitis. Guerra. Cabaré. Holocausto. Sobre las
sinagogas, los cementerios, las plazas y las cúpulas de cristal,
vuela bajo, rasante, un ángel protector y triste con cara de
Bruno Ganz.

Suena el claxon. Despiertan
los ángeles que nacieron
fuera del mundo
y se acuestan, faquires,
sobre los pararrayos

Cuando los coches corren,
los ángeles aguzan el oído

para escuchar el cántico — de la velocidad
que se parece a un viento musicado
(mistral, solano, cierzo, torbellino)

Ángeles perturbados aguardan en las bocas
del metropolitano, e imitan el sonido
de trenes alejándose

(Tren perpendicular a mi camino
escupiendo carbón, cadencioso y arcano
Motel Milla Noventa — era un paso a nivel)

Suena el claxon y el ángelus

'IF YOU ARE BLUE'

If you're blue and you don't know where to go to
Why don't you go where fashion sits?
Puttin' on the Ritz. [8]

IRVING BERLIN.

La carretera induce al sueño lúcido: los planos simultáneos de
la realidad.
Sus capas. La conciencia transversal. La gran transparencia.
Percibir la vida desde el interior de un vehículo en marcha,
desde dentro de un pastel de milhojas translúcidas. Ver el
mundo sumergirse en la distancia azul, mientras suena la
melodía del tránsito como una orquestina con swing

La ciudad zozobraba creyéndose invencible
Pasajeros fumaban en cubierta y bebían *gin-tonic*
(Pajarita y clavel rojo en la solapa)

---

8. Si estás triste y no sabes dónde ir, ¿por qué no vas donde
está la movida? Puttin' on the Ritz.

Adiós a las casonas blasonadas,
las nubes de veneno, los bloques de hormigón,
los rubios marineros, las modas inconstantes,
la popa de los buques, la espuma de su estela
Adiós

Nuestro motel se hundía con nosotros
(y el cofre del tesoro,
y el morro de un torpedo,
y el mascarón de proa)
hasta el fondo

Hablaban las medusas con las tintoreras
y ya se divisaban
brumosos arrabales de la Atlántida

Adiós hay que decirse

Bluer than velvet was the night.
Softer than satin was the light from the stars. [9]

THE CLOVERS

Entre el cielo y un embotellamiento, circulamos a paso de burra.
Por delante, un camión de Oliveira (Portugal). Autopista A/63.
¿Cuánto valdrá un árbol? Un árbol de este bosque de Las Landas.
Una vez oí decir que un bosquecillo tarda unos treinta años en
crecer. (Aire de Labenne. Desde aquí, si uno quiere, ya se sintonizan
Los 40 principales). A un hombre le da tiempo a replantar dos
bosques madereros. Máximo tres. Talar y podar también valdrá
un dinero. Y el transporte. ¿Será rentable? ¿Qué se hace con
los árboles talados? ¿Y con el ramaje? De un pino se aprovecha
todo. Como del cerdo. Los árboles no chillan. El pensamiento
especulativo se adecúa a nuestro modo de vida transitorio.

En la copa de los árboles azules
bailan los pájaros antes de volar

---

9. Más azul que el terciopelo era la noche/ y más suave que
el satén era la luz de las estrellas.

En el filo cortante de los mares,
azul muere de asfixia una lamprea
En el centro de mi pecho, la diosa
arde azul como un fuego de San Telmo

Adiós hay que decirse. Mañana ya me voy
(Palabras de hormigón. Dieciséis toneladas)

En su cama lloré
como los capitanes cuando pierden su barco
Motel Milla Noventa: paraíso de papel

Remacha mi camión su letanía
mientras cabalgo solo por la estepa
como el reverendo predicador
Y todas las señales reivindican:
adelante — adelante
Go on!

(Esposa querida
no en demasía tu corazón se acongoje
que mi nostalgia vence)

4. MOTEL MILLA NOVENTA
(MENSAJE EN UNA BOTELLA CUADRADA DE 'BOURBON')

Quiero a la furcia con ojos de pelícano
ombligo de bronce y
corazón de marfil.
CHARLES BUKOWSKY

Pero es por el prudente Odiseo por quien se
acongoja mi corazón, por el desdichado que lleva ya
mucho tiempo lejos de los suyos y sufre en una isla
rodeada de corriente donde está el ombligo del mar.

HOMERO

¿QUIÉN PODRÍA NEGARLO?

> *Va, pensiero, sull'ali dorate...*[10]
> GIUSEPPE VERDI. *Nabucco.*

El sol aviva el miedo, envejece la dicha y aumenta la verdad.
El sol cae de pleno en la cabina. Y yo pienso en la diosa, en
la última noche recurrente. Mi memoria se incendia. Ojalá
llovieran sombras de eucalipto, de sauco y de ciprés sobre el
asfalto. Ojalá cayeran rayos de iceberg, gotas de mucho frío,
plumas de pájaro esquimal. Ojalá diluviara contra la cabina.

Cuando bulle el espacio de brochazos nostálgicos,
virutas de Van Gogh y moscas luminosas,
se incineran mis naves de papiro
y dibujo en el aire muecas torvas de Munch

De repente diluvia sobre la carretera
Siempre así, de repente
Cuanto más se acrecienta la *saudade,*
más se alejan los puertos

10– *Vuela, pensamiento, con alas doradas...*

Los vampiros chirrían igual que afiladores
Y aunque sople buen viento para un pobre cayuco
de amor y de coraje,
queda el nauta varado junto a los cachalotes

Con el cabal sextante de mi alma de hombre
mido la cuadratura de Orión,
la tangente perfecta que nos glorifica,
el arpegio preciso para mis coordenadas

Soy capitán tedesco, cosaco, lusitano
Soy Odiseo y Ahab, Barbarroja y Querell
Busco grandes palabras tamaño Moby Dick
Viajo nudos-luz por íntimos embudos estelares
Chapoteo en los charcos de la proa
y sueño fantasías delirantes
Busco como regente la bonanza
y luego buscaré la tempestad
Busco como los prófugos la huida
y más tarde el regreso
La Fuga y el Retorno
Busco al gran navegante dentro del camionero
En la amígdala misma
En el trópico siempre
¿Quién podría negarlo?

No iba documentado

El palacio almacén con bóveda nervada,
donde yo recogía en los noventa toneles de gasoil y tanques de
gasolina. En el camino estrecho de Las Tórtolas, subiendo por
el cerro Niño Mártir, aparcaba a la sombra noctámbula de
Andrómina. Desconectaba el turbocompresor. Crujía bastante
el chasis. En el portal cuarenta y tantos de la Calle Virgen
del Espino, junto al viejo Cantón del Beaterio, suspiraba
por mí la Dama Negra mientras hacía encaje de bolillos.
Callejón innombrable en que dejé enterrada la memoria
fatídica. (¡Lagarto— lagarto!). En el cruce Avendaño con
Desamparadas atropellé a un espíritu ostrogodo. No iba
documentado.
Carretera secundaria.

Esa sí era una ruta condenada
El ventarrón del sur
tocaba el bongo del velamen
y relucía el asfalto
como el abdomen tenso de una mujer encinta
El sol quemaba pulgas en cubierta

Mas mi nave alcahueta me llevaba
directo hasta los brazos de la diosa

Nuestro motel oculto entre los chopos
como un ladrón del parque;
nuestro motel furtivo tras la curva
igual que la memoria de un anciano,
me asilaba en sus cuevas sin salida

Sólo allí se aprendía
el complejo diseño del deseo
Después aceleraba. Adelantaba
Franqueaba los pasos superiores

Es bonito ver el cielo

El cielo asoma entre los árboles florecidos,
con sus blondas verdes. La nube que vive sobre la autopista
AP-1 ya me estará esperando. Esta es su casa. Las demás
nubes le preguntan por qué se queda siempre a vivir en este
sitio. Las nubes migratorias, libertarias, no somos ni de aquí
ni de allá –le dicen–. Cierto, pero a mí me gusta regar los
bosques de Aralar. Yo los he criado. Son mis bosques. No me
gusta dejarlos bajo otras nubes. A veces vuelo un rato, como
quien sale a hacer un recado. Pero enseguida vuelvo.
Es bonito ver el cielo.

Mi ojo rastreador del cielo y la calzada
ha visto la ocasión de atiborrarse
aun antes de cerrarse. Mi ojo oportunista
Arriesgado, no obstante

No se puede avanzar llevando dentro
material inflamable radioactivo:
Melancolía – Apego – Culpabilidad

Hay que mirar al cielo

(Señora Sanadora,
mi purificadora,
mi niñita expectante que peina hilos de plata,
soberana insumisa que siempre reina tarde,
mater casta, roja mantis, ninfa mía y no del agua
(no en demasía tu corazón se acongoje
que mi nostalgia vence)

5. El camión del nauta

(Mensaje en una botella
de ginebra seca)

Cuando me paro a contemplar mi estado
y a ver los pasos por dó me ha traído,
hallo, según por do anduve perdido,
que a mayor mal pudiera haber llegado.
Garcilaso de la Vega

No olvidemos que hay hombres de fósforo y tristeza.
Mario Cuenca Sandoval

Nada es mío ni de nadie

Las urracas saquean las palabras que pienso.
Pedacitos de espejo brillan en mi cabeza mientras pasan las
nubes por encima de los pájaros: Trapos — Crespones —
Redes. Los pájaros sujetan toneladas de cielo. Lo llevan, lo
amamantan, lo cepillan. Sin las aves, el cielo se deshincha.
Cierra su boca. El cielo. Los pájaros trabajan: los cucos
desvalijan otros nidos, las avutardas limpian las planicies.
Desde las islas Hébridas hasta Madagascar, patrullan los
milanos. El somormujo baila bajo agua. Todo pájaro nómada
sufre el vértigo enfermizo de la inmovilidad. Sabemos del
peligro sedentario. Un signo celestial marca el día de partir:
guiño astral a la especie. Contraseña más fuerte que los
céfiros, los vínculos, los pactos, las corrientes. Tenemos
corazón de gavilán y alma de camionero. Podemos abrir
rutas con vista de aguilucho, conjeturas de grulla, pericia de
cartógrafo. Diseñamos diásporas. Volamos y volamos hacia
la Dis — Per — Sión. Buscamos soplo alisio, tramontana,
monzones, autopistas termales de Groenlandia a Chipre,
un sendero invisible sobre un campo de trébol canadiense.
Descubrimos atajos, recorridos magnéticos, pulsiones

kinestésicas: la presión barométrica que alcanza el Sinaí, la lengua del Mar Rojo y el patrón de Copérnico. En nuestra desbandada no se admite a los ángeles (porque ellos sucumben a la tentación). Sí nos acompañan pulgas luminiscentes, salmones y zorzales, estorninos, cigüeñas, golondrinas, mariposas monarca, caballitos del diablo. Algunos ejemplares migratorios terminan disecados como trofeos de caza; abatidos en trampas, cepos, fraudes y dolos.

Adiós a las ciudades, montañas, pedanías, catedrales y túneles, destinos implacables, visiones abreviadas y veloces

De nadie son los puertos ni los mares

Adiós jueces y monjes, bufones, vendedores, salteadores, inquisidores, instigadores, recolectores, pasajeros con *ipod*, tarjeta de memoria, billete de ida e ida, un amor de bolsillo, y una historia con ruedas semi-rígida

Nada es mío ni de nadie
Salvo contradicciones

(Soy un pájaro libre
en la jaula entreabierta de mi nave
Regresaré a ti siempre
con la melancolía de los indianos)

CUADERNO DE BITÁCORA OLVIDADO
EN LA GUANTERA

Zarpamos con rigor.
Todos los engranajes ajustados. Impera la concordia.
Parecemos un óleo marinero de la escuela isabelina. En el mar
riela un astro sobre el palo mayor.

Rebasa el cabotaje. A estribor barriadas, suburbios con
parroquia y un quiosco. Las últimas paradas del tranvía.
Arrecifes urbanos, mercadillos de jaimas y tabernas. De cañas
se va el barbo con el buen cachalote —y apuesta el peje ángel
contra una ballena. Veteranos atunes del Fondo de Pensiones.
Sólo un desgarro más. Alzar prontas las velas. Aceptaré el
olvido. La tergiversación. A estribor cabrestantes, plazuelas
con franquicias, macizos de diseño. Un iceberg de acero.
Pez león. Pez vampiro. Peces globo travestidos de Versacce.
Ejecutivos pulcros con aleta dorsal.

El aullido del viento y el misterio severo de la noche.
¡Peligro a sotavento! ¡Compensad a babor! Un iceberg de
acero rompe el eje dorsal. Marejada de trigo decapita al

mascarón. La borrasca de poniente nos engulle la proa.
Escasea el combustible. No responde la tracción. Ignoramos
coordenadas. A la deriva por ensanches, suburbios y
extramuros. Excitación, recelo y extrañeza. Melancolía y
miedo bajo la tempestad. La ciudad se sumerge bajo un cielo
de milhojas. Murallas inestables contra indefinición. Al acecho
tiburones peregrinos, tiburones boreales, tiburones tigre y
ángel, el tiburón nodriza...

Entre erizos y algas brilla la perla negra — antes de que la
ingiera una lamprea. No se puede navegar llevando dentro
mercancía corrosiva peligrosa: Melancolía —Apego — Culpa-
bilidad.

Llueven lagartos muertos. Siento miedo y clemencia. Las nubes
ven figuras en la tierra: galeones, camiones, hombres rana.
Zozobra mi carguero en puertos de juguete. Nadie divisará
nuestras bengalas. ¿Quién carajo lo iba a vaticinar?

El mar es ilegible, como las carreteras del desierto
Nunca se sabe dónde
viven los tiburones y alacranes
Si la diosa dormía en mi regazo

el cielo parecía subtitulado
bajo la caprichosa luz de las Perseidas
Los camiones cantaban sus cantos gregorianos
Éramos centinelas de un castillo de fuego

Allende la escollera de Neptuno
no lejos de los bosques atolones
habitan las conciencias alienígenas,
bancos de peces lumpen
y medusas vampiras
La mar es la pantera de la tierra
Lleva mi corazón mordido a sus confines
La mar destripa, indaga
en las entrañas mismas de mi vida
Mis palabras se escurren como peces:
Jurel de la soberbia, sargo de la avaricia,
congrio encolerizado, mero de incertidumbre

Pasa un camión Barreiro como una carabela
(El velamen al pairo, tendidas las escotas)
Tirante calma chicha
Sobrevuela un tucúquere venido de las Indias
a diez metros de altura

acechando los peces revoltosos,
   los estados del agua,
   los signos de la costa

Naufragio con música de cámara

La palabra que pesca lo que no es palabra.
CLARICE LISPECTOR

Léase este mensaje partitura
a la luz de una hoguera
Nadie sueñe salvarme

FAGOT

Negro Wilson y Aretha
Negro Makeba
Negra noche de nadie,
antracita del alma y llamarada
Un ojo calcinado que me mira
Un niño me reprende
desde dentro de una lágrima
Un viejo me sonríe desdentado

OBOE

Tranquila despedida en el centro del mar
cuando duermen las aves,
la tempestad amaina
y dos barcos naufragan a la vez

CLARINETE

Soy quien vive un chispazo de verdad
y anota en calma chicha, con palabras robadas
—como hace el patrón cuando la noche cae
estrellada sobre el acantilado—
la vicisitud de la verdad
Pero no soy patrón, sino el sicario
del capitán pirata. El ladrón del ladrón

6. Línea blanca discontinua

(Mensaje en una botella de Rioja Crianza)

> *...Pero sólo tocamos lo cerrado de las cosas.*
> Carlos Edmundo de Ory

> *Look, stranger, on this island now*
> *The leaping light for your delight discovers,*
> *Stand stable here*
> *And silent be,*
> *That through the channels of the ear*
> *May wander like a river*
> *The swaying sound of the sea.* [11]
>
> W.H. Auden

---

11. Mira, extraño, en esta isla ahora. / La luz que salta para tu deleite descubre, / Mantente estable aquí / Y calla, / Que por los canales del oído / Puede vagar como un río / El sonido oscilante del mar.

Venga a llover

La tortuga se veía claramente hasta que se convirtió en caracol,
luego en canguro, luego en ángel bocabajo y después en hombre de perfil. El hombre se hizo oso. El oso, toro. El toro no tardó en transformarse en un volcán que llegó a ser un camello (solo, recortado, sin desierto). De la chepa le salieron plumas y se volvió gaviota detenida. Al poco tiempo, la gaviota perdió las alas y parecía una escultura helénica. Empezó a asomar un ratoncito que terminó con cabeza de cocodrilo y cuerpo de pollo. Y por fin, después del cielo delirante, tabula rasa.

Llueve y venga a llover
Delante llevo un tráiler
con matrícula de Lugo

Las naves industriales surcan las autovías
Surfing sobre la cresta de las horas
Un aparcamiento asoma entre las algas,
faros, postes y corales

Bulevares. Aleteos. Texturas turbulentas
Fogonazos, pitadas y un rastro de neón

Anochece en la polis basculante
¡Qué fuerte estruendo hidráulico!
La ciudad paquebote. Fórmula patentada
Ingeniería óptica, dramaturgia acústica
y una franja de minas
antipersona

A LA DERIVA

Una ciudad, hoy, es estar lejos
GUADALUPE GRANDE

Una Plaza Mayor nunca cambia de piel.
Cuelga de barrios altos muy antiguos e internos, con sus porches
abiertos como alas de murciélago. Los transeúntes se sientan en sus
bancos y hablan entre ellos en lumpen rococó y académico pop. Los
camiones no entran. Abandoné mi casa como quien sale a fumarse
un cigarro. Di un último paso antes de un glissando por el filo.
Tomé las autopistas a la nada, al infierno, a la tierra de Juan Sin
Tierra. Un desvío me llevó hasta la diosa: Motel Milla Noventa,
donde el viejo urucú dialogaba con la sombra de un almendro. Allí
silbaba el viento como las serpientes de Mathausen y las lejanas
luces parecían de un poblado gaélico. Suelto lastre, palabras,
bastimento. ¡A mí Barreiros, Avia, Ebro, Volvo, Romeo! ¡A mí
Pegaso, Leyland, Austin, Iveco, Lai! A la deriva por ensanches
suburbios y extramuros. Excitación, recelo y extrañeza. Levo anclas.

Percibo en mi cogote
el hálito tenaz de un corredor de fondo
De puerto en puerto. Solo
De misión en misión
Visitando las áreas de servicio,
restaurantes en ruta,
sin apenas rozar la piel de las ciudades

Odiseo de su cuerpo y autopistas lejanas,
me volví navegante sin tripulación
Se soldaron mis músculos — a la carrocería:
válvulas y palancas, eje direccional

Los caminos me alejan, me desdeñan
y se autodestruyen
bajo la directriz de Poseidón

¿DÓNDE NACE UNA MILLA?

La calle del Druida, en el pueblo gaélico, fue la última calle
que pisó Vercingetórige.
El cielo se veía bergamota tras las vidrieras ojivales. Por vía
Dragoncello, a la hora pesada de la siesta, vi correr a un león del
coliseo. La strada è un veicolo longo, longo. La rúa é longa como a
nostalxia, wie die Landstrasse. Could not forget your sorrow…Mis
faros antiniebla abrieron un desvío: motel de carretera secundaria.
Por el suelo corrían cucarachas en busca de una luz azucarada.
La cara del regente parecía una gárgola. Un pasillo llevaba hasta
las catacumbas. Y en nuestro dormitorio sin salida guardaba
su baúl el gran titiritero. El cielo en la ventana: su tiniebla de
perro moribundo, de pantera abisinia. Un avión sobrevolaba un
descampado.
¿En qué punto una calle se convierte en carretera?

¿Dónde nace una milla?
Los cilindros me fallan. Ha saltado un fusible
y rechina la suspensión neumática
Encenderé la luz de posición

Mis párpados moluscos serán muy compasivos:
engullirán mis ojos y sellarán sus valvas
Igual que hace una ostra tenga o no tenga perla

Y los peces serán humanitarios:
respetarán mi ojo sin apenas mirarlo
pues les parecerá un ojo naufragado
¡Qué poca cosa es ver!
¿Por qué hay tanto que mirar?
Ver sin verse. ¡Cuánta misericordia!

Sigue abierto, ojo verde
—le repito a mi ojo moribundo—

VER SIN VERSE

Hay que ceder el paso, respetar las ballestas, no salirse del carril,
obedecer marcas viales, encender las luces de posición. Debo
seguir la línea discontinua de mi destino. Aun sabiéndome
frágil, debo representar al héroe. Debo entonar mi canto de
amor, nostalgia y destierro. La canción del pirata que en cada
puerto naufraga.

No es lo más difícil naufragar, sino regresar
La luna resplandece sobre un mar de gasóleo
Abandono en la noche mi camión

Los mochuelos serán muy piadosos:
tomarán mis ojos camioneros
con su robusto pico
y se los llevarán hasta su nido

¿Serán caritativos?
¿Serán respetuosos?
Serán indiferentes

Consumirán mis ojos sin apenas mirarlos
pues les parecerán los ojos de un gusano
¡Qué poco tenían visto!

Ver sin verse, ¡cuánta compasión!

Ha llegado la hora de soltar a la culebra
y que corra continua hasta los dioses

MENSAJE EN UNA GARRAFA DE RON

Espacios que salen a flote
para que no estés.
ROSA MARÍA BELDA

En el viaje todos somos Transformers, camaleones, peones,
cortesanos.
Hasta que regresamos por el mismo camino a ponernos
la misma máscara. Mi voz interior no para de largar. Sin
embargo, mi lengua es un pez que se arrastra por la arena
en busca del océano. Y mi alma es un mosquito tigre. Una
fiera minúscula y tragicómica que busca el calor y la sangre.
Al entrar en mi país, me invade la comprensión familiar que
derrota al aventurero.

Exánime el viaje, se despinta el camino
que condujo al motel de la milla noventa

Cierro la habitación con vistas a la nada

Con los ojos hinchados,
Poseidón continúa leyendo *La Odisea*

Mensaje en una botella de Oporto

En cada abril, noviembre o enero aparece una naturaleza
nueva sobre la vieja.
A nuestra disposición, para nuestro uso y abuso, una
naturaleza a estrenar. Es tanto lo que brota sin inversión, ni
manufactura, ni petición de crédito. Sin cobro ni recargo. Sin
reclamaciones ni obligaciones. Expuesto para ti, para tus ojos,
para tu espíritu, para tu trascendencia o necedad. Un campo
nuevo, exquisito, de diseño. Entregado sin retrasos. Sin costes
ni fecha de caducidad. Belleza reciclada, conclusa y dispuesta
para renacer. Cada febrero, cada octubre. Para tu cumple.
Para tu week-end. Toda tu vida. Sin seguros. Sin cargos.
Sin cláusulas. Sin puertas. Sin antirrobos. Sin alarmas. Tu
milagro. Tu ganga.
Tu resurrección.

Agoniza el amor como el pez en la arena,
la estrella en la mañana,
la aventura en la vuelta

Resucitar no debo

He cruzado los túneles del tiempo
escuchando las romanzas de Hendel
y el aria de Tom Waits
Atadas a mis pies
pesan mil toneladas las palabras

Coletea un petirrojo. Braman las gaviotas
El cielo se derrumba sobre las azoteas
como entonces caía
en brazos de la diosa mi cuerpo de mortal

Meridiano cuarenta
Latitud boreal. Venus a sotavento

Los mochuelos ya vienen a por mí

MENSAJE EN UNA BOTELLA
DE CHAMPAGNE ROSÉ

...Y yo te siento temblar contra mí
como una luna en el agua.
Julio Cortázar

La arena se retira a su desierto
y el recuerdo me olvida como un amigo infiel

Ha cerrado su puerta el motel paraíso,
delirio de neón, isla de Ogigia
donde jugó la diosa su partida magánima de amor

Sobre el cristal ahumado de la noche
nuestro aliento desveló un jeroglífico

MENSAJE EN UNA BOTELLA DE ABSENTA

¡Esposa querida!
No en demasía tu corazón se acongoje,
que nadie me enviará al Hades
antes de lo dispuesto por el hado;
y de su suerte ningún hombre, sea valiente o cobarde,
puede librarse una vez nacido.

HOMERO. *La Ilíada, Canto VI.*

Adiós mi Caleuche, mi Victory, mi Argo, mi Santa María.
El sol de madrugada alumbra bajo el agua. Diviso la cochera
terminal. La línea de descarga. Abro la puerta basculante y
retumban cañones de fragata.

Mi pregunta va dentro
de una botella negra:
¿Qué es ceguera y qué no?

Ojo mío, curtido en carretera;
si aún no piensas cerrarte,
no mires hacia atrás

Ante ti se levantan las montañas
tan azules — de Ítaca
y trazan en el cielo los vencejos
azules cabriolas delirantes

Esposa querida,
la nostalgia ha vencido
Mi corazón regresa a su redil
Que mis ojos viajeros
descansen en tu sueño

ACCIÓN DE GRACIAS

Doy gracias a Rosa Lentini por ser faro en la búsqueda de mi Calipso interna, por dejarme respirar su poesía y por darme su bendición. Doy gracias a Dionisia García por animarme a respetar mis voces poéticas. Ella me dijo: no puedes renunciar a tus voces, son tus tesoros. Sólo tienes que procurar que guarden su turno de palabra. Tras nuestra conversación pude escuchar las voces de este dueto y ponerlas a dialogar. Doy gracias a Esther Miquel, porque ella nos condujo por la psique del nauta Odiseo, por los mares de la antigüedad, por los caprichos de los dioses y por las veleidades de los humanos. Doy gracias a Begoña Knörr por ser la gran visionaria social que reunió a la tripulación. Doy gracias a Pilar Corcuera por ser la primera depositaria de la voz de mi Odiseo, camionero como su padre Balbino. Doy gracias a Ángela Serna por darme su abrazo en la poesía y mantenerlo. Doy gracias a Elena Cobos por ser la Roma de todos mis

caminos. Doy gracias a Itziar Mínguez Arnáiz por ser mi referente urbana y mi confidente necesaria. Doy gracias a Julia Otxoa porque todas sus voces saben de un mundo mejor. Doy gracias a Itziar Rekalde por llevarme a transitar su oralitura. Doy gracias a Carmen Vicente porque guarda la alegría en sus ojos. Doy gracias a Juan Luis Deza porque guarda al nauta en su voz. Doy gracias a Roberto Lastre por ser la primera persona que me hizo sentir escritora. Doy gracias a Kepa Murua por abrirle ventanas a mis pájaros. Doy gracias a Rosauro Varo por instarme a decir nosotras con mujeres de África y de otras orillas del mar. Doy gracias a Sebastián Bayo Monjas por darle arquitectura psíquica a mi ninfa. Doy gracias a Victoria O'May por vestir de alta costura mis libros. Doy gracias a El Desvelo Ediciones por desvelarse por nosotros. Doy gracias a Erich y Paula Huber siempre.

Índice Nostos